ETF

Schneller Vermögensaufbau durch schlaue Anlage in ETF & Indexfonds. Nebenbei Geld verdienen mit diesem Handbuch für Anfänger.

Inhaltsverzeichnis

Einleitung 1

Kapitel 1: Die ETF-Grundlagen 4

Was ist ein ETF? 5

Wie funktionieren diese ETFs? 7

ETF-Bezeichnungen 10

Das Scope ETF-Rating 11

Kapitel 2: Indices – Performanceindex und Kursindex 13

Der Kursindex 14

Der Performanceindex 14

Die Auswirkungen der Index-Arten 15

Kapitel 3: Thesaurierend oder ausschüttend? Was sind die Vor- und Nachteile? 17

Ausschüttend 17

Thesaurierend 18

Die Vor- und Nachteile eines ausschüttenden ETFs .18

Die Vor- und Nachteile eines thesaurierenden ETFs 19

Kapitel 4: Die verschiedenen ETF-Klassen 20

Renten ETFs 20

Aktien ETFs 21

Rohstoff ETFs 21

Geldmarkt ETFs 22

Gehebelte ETFs 23

Immobilien ETFs..23

Kapitel 5: Die Vorteile der ETFs auf einen Blick.....24

Vorteil: Niedrige Kosten..24

Vorteil: Risikostreuung...25

Vorteil: Emittenten Risiko nicht gegeben...................26

Vorteil: Große Transparenz 26

Vorteil: Wenig Arbeit..27

Vorteil: Dauerhafte Liquidität......................................27

Vorteil: Investition in Rohstoffe möglich...................27

Kapitel 6: Die Nachteile der ETFs 29

Nachteil: Keine Überrenditen.......................................29

Nachteil: Dauerhafte Kosten...30

Nachteil: Unübersichtliche Angebote.........................30

Kapitel 7: Die Kosten eines ETFs...............................31

Ordergebühren 31

Depotgebühren 32

Total Expense Ratio - TER...32

Der Spread...33

Total Costs of Ownership 33

Steuern! 34

Kapitel 8: Anlagestrategien und
Investmentstrategien im Überblick 35

Anlagestrategie: Die Wachstumtsstrategie 35

Anlagestrategie: Die Dividendenstrategie..................36

Anlagestrategie: Die Valuestrategie 37

Vermögensstrategie: Das Direktinvestment 37

Investmentstrategie: Das Sparplan Investment 38

Kapitel 9: Ein erfolgreiches Portfolio anlegen 40

Ziele genau definieren 40

Asset Allocation 41

Ein beispielhaftes Portfolio 42

Schlusswort 44

Nachricht an den Leser 47

Quellen 48

Impressum 49

Einleitung

Du hast dieses Buch bestimmt nicht ohne Grund gekauft! Möchtest du mit ETFs deinen Gewinn maximieren? Dann wird es Zeit sich über die Grundlagen von ETFs, Anlagestrategien und Steuern Gedanken zu machen! In diesem Buch wirst du allerhand nützliche Tipps und Tricks rund um die ETFs als Geldanlage bekommen.

Wir können es nicht weiter leugnen: Die Inflation ruiniert unsere Zinsen. Sparbücher oder Geldmarktkonten sind also schon längst keine gute Möglichkeit mehr um seinen hart verdientes Gehalt gewinnbringend anzulegen. Viele Menschen sind deswegen auf der Suche nach einer Alternative, die ihr Gehalt so schnell wie möglich vermehrt.

Es gibt natürlich unglaublich viele Möglichkeiten sein Geld gewinnbringend anzulegen. Eine dieser Möglichkeiten sind ETFs. Auch wenn die Börse kein Kinderspielplatz ist und birgt neben großen Gewinnchancen auch das Risiko des großen Verlusts. Aber immer mehr Menschen wagen es ihr Geld in Aktien zu investieren um den Niedrigzins zu umgehen.

Auch wenn du jetzt so schnell wie möglich dein Geld investieren möchtest, solltest du Ruhe bewahren und dich mit der Welt der Börse, den Aktien und den ETFs vertraut machen um das Risiko für den Geldverlust zu minimieren. Es gilt die geeigneten Strategien für die Anlage herauszufinden, Ziele müssen definiert werden und mögliche Risiken minimiert werden. Da bieten sich ETFs als Anlage an. Für Privatanleger und Neueinsteiger bieten ETFs gute Möglichkeiten des Einstiegs, denn schon mit wenigen Euros im Monat kann dort begonnen werden. Außerdem ist die Handhabung der ETFs keine geheime Wissenschaft. Kein Wunder, dass sich die ETFs in den letzten Jahren immer größerer Beliebtheit erfreuen.

Aber auch wenn die Handhabung der EFFs verlockend und einfach klingt: Eine umfassende Vorbereitung, gut durchdachte Ziele und ein grundlegendes Verständnis über die Vorgänge an der Börse sind notwendig! Begriffe wie Diversifikation, Risikomanagement oder Asset sollten vor der Investition und nach dem Lesen dieses Buchs kein Geheimnis mehr sein!

Dieses Buch ist der ideale Begleiter auf deinem Weg durch den Börsen-Dschungel und bietet dir Einblicke in die verschiedenen Anlegestrategien. Die Grundlagen der ETFs, die Erstellung eines gut strukturierten ETF-Portfolios und weitere Tipps erwarten dich!

Steige auch du ein in die Welt der Börse, umgehe den Niedrigzins und vermehre dein Vermögen!

Kapitel 1: Die ETF-Grundlagen

Nun möchtest du bestimmt wissen, was ETFs sind und wie sie funktionieren. All das erfährst du in diesem Kapitel! Dies ist höchstwahrscheinlich nicht so wahnsinnig interessant wie der neuste Horrorstreifen, aber leider notwendig. Auf diesen Grundlagen kannst du aufbauen und sollte dementsprechend keinesfalls übersprungen werden! Du musst dich wirklich gut mit der Börse, den ETFs und den dazugehörigen Begriffen auskennen, sonst wirst du keine Chance auf Gewinn haben. Es ist also absolut notwendig Begriffe wie Aktien-ETF, Kursindex oder Performanceindex zu kennen. Falls dir diese Begriffe noch nicht geläufig sind, solltest du das erste Kapitel auf keinen Fall vernachlässigen!

Du wirst erfahren, was ein ETF ist, wie die ETFs entstanden sind, wie die ETFs funktionieren und noch vieles mehr!

Nach der Lektüre dieses Buches solltest du dir also folgende Fragen beantworten können:

- In welche Art ETF möchte ich investieren?

- Welches Risiko gehe ich ein?
- Wie stehen die Gewinnchancen?
- Wie baue ich ein Depot auf?
- Wie manage ich mein ETF-Portfolio?

Was ist ein ETF?

Ein ETF ist ein Exchange Traded Fund, also ein Indexfonds. Durch sie wird versucht Börsenindexe möglichst genau abzubilden, um es Anlegern zu erleichtern in einen Index zu investieren. In der USA gibt es diese ETFs schon seit dem Jahr 1993. In Deutschland erst seit dem Jahr 2000.

Beispielsweise kannst du in die 10 größten Technologie Unternehmen an der Börse investieren und dir jeweils Aktien dieser 10 größten Technologie Unternehmen kaufen. Du könntest es aber auch einfacher gestalten und in einen ETF investieren, der genau diese 10 größten Technologie Unternehmen abbildet. Dies ist nicht nur um Längen günstiger als die Einzelinvestition in die 1ß verschiedenen Technologie Unternehmen, sondern offensichtlich auch einfacher. Diese

ETFs sind also ganz speziell ausgerichtet und werden computerbasiert gesteuert.

In den letzten Jahren ist das Investitionsvolumen in ETFs stetig gestiegen und ganz nebenbei auch die Vielfalt der ETFs! Du kannst also neben dem DAX-ETF, auch in den DOW JONES-EFS, Rohstoff-ETFs, Devisen-ETFs oder Renten-ETFs investieren.

Emittenten sind die Finanzinstitute, die ETFs anbieten. Es lohnt sich einige große Emittenten zu kennen, da diese zumeist Tochtergesellschaften von Banken sind. Wenn du nun ein Depot bei einer Bank besitzt, kannst du die Produkte der Tochtergesellschaften meist kostenlos nutzen. Dies ist durchaus ein Kostenfaktor, den es zu berücksichtigen gilt! Über die Consorsbank kannst du bei dem Emittenten Lyxor gebührenfrei ordern, über die Deutsche Bank kannst du bei dem Emittenten DB x-Trackers gebührenfrei ordern und wenn du ein Depot bei der Commerzbank hast, kannst du bei Comstage gebührenfrei ordern. Der französische ETF Anbieter Amundi kooperiert mit den französischen Banken Agricolé und Société Général. Seit 2010 sind auch Produkte von Amundi auf dem deutschen Markt verfügbar! Der große Vermögensverwalter Blackrock hat die Tochtergesellschaft Blackrock Asset

Management, die ETFs unter dem Namen iShares anbietet. Auf dem deutschen Markt kannst du über 150 verschiedene ETF Portfolios erwerben! Dies sind grob die wichtigsten und größten ETF Anbieter im deutschen Raum.

Wie funktionieren diese ETFs?

Nun da du weißt, was ETFs sind, solltest du erfahren wie genau diese ETFs funktionieren. Diese ETFs bilden also einen Zusammenschluss von Aktien nach. Aber wie genau geht das?

Es gibt zwei verschiedene Arten von ETFs: Die Physischen ETFS – auch voll-replizierende ETFs genannt – und die synthetischen ETFs – auch SWAP-ETF genannt.

Ein physischer ETF ist eine realitätstreue Zusammenstellung der in dem abzubildenden Index enthaltenen Aktien. Wenn es in unserem hypothetischen Index der 10 größten Technologie Unternehmen an der Börse gibt, dann gibt es diese 10 größten Technologie Unternehmen auch in dem ETF. Je nach Anteil der verschiedenen Unternehmen in dem Index, werden auch die

Unternehmen in diesem Maße im ETF abgebildet. Wenn nun das Unternehmen 1 im Index der 10 größten Technologie Unternehmen 19% ausmacht, dann macht dieses Unternehmen im ETF auch 19% aus.

Allerdings gibt es sehr komplexe Indizes, die unter keinen Umständen in einem ETF nachgebildet werden können. Solche sehr komplexen Börsenindizes sind beispielsweise der S&P 500 oder der MSCI World Index. Um einen physischen ETF dieser Indizes abzubilden, werden einzelne Unternehmen abgebildet, in dem Versuch, dass diese Unternehmen möglichst repräsentativ wirken. Diese Zusammenstellung wird auch Sampling genannt. Da die Zusammenstellung von ETFs mitunter je nach Art der Aktien recht kostenintensiv sein kann, können beim Sampling diesen Kosten ausgewichen werden.

Die synthetischen ETFs sind keine direkte Investition in Wertpapiere. Die Banken präsentieren die täglichen Werteentwicklungen. Dafür müssen ETF-Anbieter eine Gebühr bezahlen. Dies wird auch SWAP-Geschäft genannt. Bei einem synthetischen ETF wird ein Index also sehr authentisch abgebildet. Hier kann kostengünstig investiert werden, wenn einzelne Aktien einer Marke zu teuer sind. Allerdings sind diese ETFs auch von der Bank abhängig, die die entsprechenden Daten liefert. Falls die Bank also insolvent wird, wird der ETF dieser Bank auch große Verluste erleiden. Glücklicherweise gibt es neue Gesetze, die den Verlust durch einen solchen Fall auf maximal 10% des ETF-Vermögens begrenzen. Ein weiterer Sicherheitsfaktor sind die Sicherheitsvereinbarungen. Diese Sicherheiten werden beim Abschluss einer SWAP-Vereinbarung hinterlegt. Wir stellen also fest, dass ein synthetischer ETF durch die Abhängigkeit von einer dritten Partei um einiges risikoreicher ist. In den allermeisten Fällen sind aber ausschließlich Finanzinstitute mit einer hervorragenden Bonität als dritte Partei zugelassen (Deutsch Bank AG oder ähnliche Institute). Trotz dieser Sicherheit sollten synthetische ETFs nicht dein einziges Standbein sein. Grade die Finanzkrise von 2008 hat gezeigt, dass kein Finanzinstitut von Krisen freigesprochen werden kann. Dementsprechend bietet sich eine Misch-Investition in synthetische und physische ETFs an.

Zum Investieren benötigst du natürlich Kontakt zu einem Broker. Dort wirst du dir die verschiedenen ETF Beschreibungen ansehen können und auf Grundlage der Informationen in den Beschreibungen erkennen können, ob es sich um einen synthetischen oder physischen ETF handelt –

also einen physisch-replizierenden oder SWAP-basierenden ETF. Falls du diese Angaben in der Produktbeschreibung nicht findest, in dem Kapitel „Produktstruktur/-methodik" wirst du mehr Informationen über die Art des ETFs finden.

ETF-Bezeichnungen

Grade für Einsteiger können die ETF-Bezeichnungen mitunter sehr verwirrend sein. Damit du dich im ETF-Dschungel besser und schneller zurechtfindest, möchte ich dir hier die gängigen ETF-Bezeichnungen erklären. Eine ETF-Bezeichnung kann aus bis zu fünf Bestandteilen bestehen.

Der erste Teil ist der Emittent (das Finanzinstitut). Dazu kann der Begriff „Core" stehen, der sehr populäre oder günstige Produkte kennzeichnet. Der zweite Teil der ETF-Bezeichnung ist der Index, also was genau der ETF abbildet. Der dritte Teil der Bezeichnung kennzeichnet den Anlegerschutz. Meist steht dort ECITS ETF. Diese Bezeichnung weist darauf hin, dass der ETF den UCITS-Richtlinien unterliegt und du somit als Anleger im europäischen Raum besonders geschützt bist. Im vierten Teil der ETF-Bezeichnung werden die ETF-Merkmale genannt, also wie der ETF mit Zinsen oder Dividenden umgeht (darüber erfährst du im weiteren Verlauf des Buches noch mehr!). Ausschüttende ETFs werden mit D, Dis oder Dist gekennzeichnet und thesaurierende ETFs mit C oder Acc. Im fünften Teil der Bezeichnung stehen die sonstigen Zusätze, wie die Herkunft. Steht dort DE für Deutschland, kannst du davon ausgehen, dass dies ein ETF von hoher Qualität ist. Auch die Bezeichnung Leveraged, gehebelt (Dazu später noch mehr!) kannst du dort finden. Du siehst, es ist nicht sonderlich schwer die ETF-Bezeichnungen zu entziffern, solange du über die groben Bestandteile Bescheid weißt.

Das Scope ETF-Rating

Wenn du in ETFs investieren möchtest, wirst du um gewisse Ratings oder Bewertungen der ETFs nicht drum herumkommen. Im deutschen Raum werden diese Ratings von der Berliner Scope Analysis GmbH ausgeführt. Im Rating werden drei Kategorien aufgeführt, die Anlegern die Bewertung des ETFs erleichtern sollen.

Zunächst wird die Produktqualität fokussiert. Hier wird die Kursentwicklung des ETFs mit seinem Index gemessen. Auch der Spread und der TER (Dazu später noch mehr!) spielen bei dieser Bewertung eine Rolle. Die Produktqualität macht rund 40% der Gesamtbewertung aus. Als nächster Faktor wird die Indexqualität gemessen. Dazu sind der Umgang mit Dividenden, Diversifikationen und die Indexberechnung wichtig. Dies macht rund 35% der Gesamtbewertung aus. Die restlichen 25% der Bewertung setzen sich aus der Bewertung der Emittenten zusammen. Hier werden die Struktur, die Kosten und der Zugang zu Informationen durch den Anbieter geprüft.

Dieses Rating soll vor allem Einsteigern ein Sicherheitsgefühl vermitteln und die Entscheidung für ein ETF leichter machen. Allerdings solltest du dich nicht hauptsächlich auf die Bewertung anderer verlassen, sondern vor allem selbst recherchieren. Es gilt also im Vorfeld genau abzuwägen welche Art von ETF du für dich als passend erachtest. Die nötigen Informationen für diese Entscheidung findest du in den nächsten Kapiteln.

Kapitel 2: Indices –
Performanceindex und Kursindex

Da du nun weißt, dass es zwei verschiedene Arten von ETFs gibt und wie du diese unterscheiden kannst, bist du nun bereit für den nächsten Schritt: Die Performance- und Kursindizes. Es gibt ETFs auf Performance-Indizes und ETFs auf Kurs-Indizes. Diese Unterscheidungen haben zwar nicht direkt etwas mit der Art der ETFs zu tun, aber sie beziehen sich auf die Grundlage der ETFs und sind somit auch wichtig für das umfassende Verständnis.

Ein Börsenindex hat zwei verschiedene Möglichkeiten mit Dividenden umzugehen, also den jährlichen Auszahlungen am anteiligen Gewinn des Unternehmens: Kursindex und Performanceindex. In diesem Kapitel erfährst du alles Notwendige über diese zwei Indizes!

Der Kursindex

Der Kursindex eines ETFs misst die Kursentwicklung der abgebildeten Unternehmen. Was hier nicht berücksichtigt wird, sind die Dividendenzahlungen oder Zinszahlungen. Der amerikanische DOW JONES ist beispielsweise ein berühmter Kursindex.

Die Auszahlung von Dividenden kann einen großen Einfluss auf den Kursindex haben. Vor allem für Einsteiger bietet es sich hier an, sich genaustens über die Zeitpunkte der Dividenden-Ausschüttung der im Index enthaltenen Unternehmen zu informieren, um nicht zu einem ungünstigen Zeitpunkt einzusteigen.

Der Performanceindex

Im Gegensatz zu dem Kursindex werden beim Performanceindex alle Zahlungen, auch die Zinszahlungen und Dividendenzahlungen, miteinbezogen. Der deutsche DAX ist ein solcher Performanceindex. Es besteht zwar noch ein deutscher Kursindex DAX, aber dieser wird in den Medien kaum erwähnt.

Die Auswirkungen der Index-Arten

Nun wirst du dich sicherlich fragen, welche Auswirkungen auf den ETF diese beiden Index-Arten haben. Du weißt, dass ein ETF den dazugehörigen Index sehr genau abbildet, dementsprechend hat der zugrundeliegende Index natürlich eine gewisse Auswirkung. Und die wollen wir uns nun genauer ansehen!

Bei den ETF, der einem Performance-Index zugrunde liegt, werden Dividenden und Zinserträge genau wie bei dem Performance-Index sofort investiert. Auf diese Einzahlungen müssen allerdings Kapitalertragssteuer und Solidaritätszuschlag gezahlt werden, weswegen der ETF eine kurze Zeit lang einen niedrigeren Kurs hat als der zugrundeliegende Performance-Index. Liegt ein Kursindex einem ETF zugrunde werden die eingezahlten Dividenden und Zinserträge als Barvermögen im ETF eingehalten und zu festen Terminen über das Jahr verteilt ausgezahlt. So kann der Kurs des ETF sogar besser sein als der dem ETF zugrundeliegenden Kurs-Index.

Aber welche Version ist nun die geeignete zum Investieren? Es sieht eigentlich fast so aus, als hätte ein ETF mit einem Kursindex als Grundlage die bessere Bilanz. Dies mag vielleicht kurzfristig stimmen, aber der Performance-Index hat eine auf langer Sicht gesehen bessere Entwicklung. Da der Performance-Index nicht nur den Kurs der einzelnen Unternehmen des Index berücksichtigt, sondern auch etwaige andere Zahlungen, ist er langfristig stärker. Dementsprechend ist auch ein ETF, der einen Performance-Index als Grundlage hat, langfristig gesehen stärker.

Kapitel 3: Thesaurierend oder ausschüttend? Was sind die Vor- und Nachteile?

Nun weißt du was synthetische und physische ETFs sind. Du weißt auch was ein Performance-Index und was ein Kurs-Index ist und welche Auswirkungen diese auf ein ETF haben. Also bist du jetzt bereit für die Begriffe „thesaurierend" und „ausschüttend"! Nachdem wir uns diese Begriffe ein wenig näher angesehen haben, werden wir die Vor- und Nachteile dieser Methoden erörtern. Auch dies ist Grundlagenwissen beim Umgang und Investition in ETFs! Kümmern wir uns also nun darum, auf welche Art und Weise ETFs ihre Gewinne verteilen.

Ausschüttend

Wenn ein ETF Gewinne verzeichnet, können diese ausgeschüttet werden. Das heißt, dass diese dem Girokonto oder Depotkonto gutgeschrieben werden. Du hast dieses Geld dann also direkt zur freien Verfügung und kannst es bei Interesse natürlich erneut in einen ETF investieren.

Thesaurierend

Du kannst dir sicherlich denken, dass thesaurierend das Gegenteil von ausschüttend ist. Und ja, bei einem thesaurierenden ETF werden die Gewinne in den ETF investiert und nicht an die Beteiligten ausgezahlt. Hört sich zunächst nachteilig an, aber so erhöht sich natürlich der Wert des ETFs!

Die Vor- und Nachteile eines ausschüttenden ETFs

Wenn du nach einer Möglichkeit suchst, öfter einen baren Gewinn in den Händen zu halten, dann sind die ausschüttenden ETFs das Richtige für dich. Dies funktioniert auch ganz ohne lästige steuerliche Vorgänge, denn die Beträge werden sofort automatisch mit deinem Freistellungsauftrag verrechnet. Deinen Gewinn kannst du natürlich wieder in ETFs investieren – also eine verbesserte Asset Allokation, Verteilung des Kapitals.

Allerdings ist jede neue Investition mit erneuten Gebühren verbunden!

Die Vor- und Nachteile eines thesaurierenden ETFs

Da die Gewinne direkt wieder in den ETF investiert werden, fallen hier keine lästigen Kaufgebühren für eine erneute Investition an. Dies ist nicht nur kostengünstig, sondern auch wirklich praktisch, denn du musst dich um nichts mehr kümmern! Durch dieses Prinzip kannst du auch direkt vom Zinseszins-Effekt profitieren. Wenn du nach einer Möglichkeit suchst regelmäßig bare Gewinne zu erhalten, dann ist diese Version natürlich nicht vorteilhaft. Falls du mit ausländischen ETFs zu tun hast, solltest du dich auf die möglichen steuerlichen Konsequenzen einstellen und alle deine Schritte schriftlich festhalten! Denn hierbei kann es durchaus zum Chaos kommen!

Kapitel 4: Die verschiedenen ETF-Klassen

Du hast jetzt bereits ein kleines Grundwissen und bist jetzt bereit um die verschiedenen ETF-Klassen kennenzulernen.

Renten ETFs

Eine Variante der ETFs, die nur wenigen Schwankungen unterliegt, sind die Renten ETFs. Dies sind meistens Indizes von Staats- und Unternehmensanleihen oder Pfandbriefe. Neben deutschen Staatsanleihen gibt es mittlerweile auch viele Anleihen von Schwellenländern.

Diese ETFs haben zumeist den Hinweis, dass eine Staats- oder Unternehmensanleihe mit einer Laufzeit von 5-10 Jahren versehen ist. Dies bezieht sich aber nur auf die vom Index erfassten Anleihen und du kannst dein ETF natürlich schon vorher abwerfen.

Aktien ETFs

Die Aktien ETFs sind wohl vor allem aufgrund ihrer einfachen Handhabe die beliebteste Art der ETFs. Diese Aktien ETFs repräsentieren vor allem Länder, Regionen und Sektoren, wie beispielsweise den DOW JONES, DAX, Nikkei 225 oder STOXX Europa 600. So werden auch Indizes verschiedener Branchen im Sektorenbereich abgebildet, Rohstofflieferanten, Banken oder Versicherungen beispielsweise.

Rohstoff ETFs

Dies ist das Pendant zum Goldbarren im Bankschließfach. Hier werden die verschiedenen Sektoren der Rohstoffbranche abgebildet. Diese ETFs des Rohstoffsektors werden auch als Exchange Traded Commodities, ETC, bezeichnet. Durch ein europäisches Recht, das die breite Fächerung der ETCs vorsieht, kann hier nicht direkt in einen Rohstoffsektor investiert werden, sondern immer in eine Mischform. Diese ETCs sind zumeist SWAP basiert.

Ein vertrauenswürdiger Index ist der Dow Jones UBS Commodity Index aus den USA, der 20 verschiedene Rohstoffe umfasst und ein sehr ausgewogenes Zusammenspiel der verschiedenen Rohstoffe aufweist. Die Investition in einzelne Rohstoffunternehmen ist gewinnversprechend!

Geldmarkt ETFs

Diese ETFs werden vor allem als Ersatz für Tagesgeldkonten genutzt. Hier ist der Gewinn nicht allzu groß und dienen als Möglichkeit Geld kurzzeitig anzulegen. Diese Geldmarkt ETFs gelten als sehr sicher, aber für eine gewinnbringende Investition lohnen sich die niedrigen Gewinne nicht.

Die synthetischen Geldmarkt ETFs bilden den Zinssatz des europäischen Interbankenmarkts EONIA ab und die physischen ETFs replizieren zumeist die Indizes für weniger langfristige Staatsanleihen.

Gehebelte ETFs

Gehebelte ETFs sind meist mit dem Wort „Leveraged" gekennzeichnet. Hier wird ein Fremdfinanzierungshebel eingegliedert, der das Anlagekapital um eine bestimmte Zahl vervielfacht. Der Levergraded x5 DOW JONES Index, ist also der Kurs des DOW JONES mal fünf genommen. Hierbei gibt es natürlich ein enormes Gewinnrisiko und ein enormes Verlustrisiko! Dies ist für Anfänger also nicht geeignet!

Immobilien ETFs

Die Immobilien ETFs bieten dir die Möglichkeit direkt in den Immobilienmarkt einzusteigen. Beliebte Immobilien ETFs sind beispielsweise die Real Estate Investment Trust Fonds (REITs). Dies sind Treuhandfons mit großen monatlichen Dividenden.

Kapitel 5: Die Vorteile der ETFs auf einen Blick

So, nun verfügst du über ein gutes Grundwissen. Jetzt können wir anfangen die einzelnen Risiken abzuwägen und Vorteile herauszuarbeiten. So kannst du die ideale Investitionsmöglichkeit für dich herausfinden.

Vorteil: Niedrige Kosten

Ein klarer Vorteil der ETFs ist, dass sie mit geringen und überschaubaren Kosten verbunden sind. Neben den für die Börse üblichen Depotgebühren und Ordergebühren fallen noch jährliche Kosten an. Mittlerweile gibt es aber auch eine Vielzahl von Brokern, die kostenfreie ETF-Modelle anbieten, sogenannte ETF-Sparpläne.

Die Fixkosten werden TER, Total Expense Ratio, genannt und umfassen Kaufgebühren, Verkaufsgebühren, Portfoliomanagement, Wirtschaftsprüfung, Verwaltungsgebühren und ähnliches. Hier werden die gesamten jährlichen Kosten aufgelistet.

Da ein ETF nicht von einem Manager gesteuert wird, sondern rein computerbasiert ist, fallen auch die Kosten für einen Fondsmanager weg. TER Werte zwischen 0-3% sind keine Seltenheit.

Da die ETFS nicht über eine Fondsgesellschaft erworben werden, fallen auch hier keine Kosten an. Sonst sind Kosten von bis zu 5% des Orderwertes üblich.

Vorteil: Risikostreuung

Du hast bereits feststellen können, dass die Investition in ein ETF immer heißt, dass man in einen Index mehrerer Unternehmen investiert. Der klare Vorteil ist hier, dass du dein Geld nicht in ein Unternehmen, in eine Aktie oder eine Strategie investieren musst, sondern durch ein ETF in mehrere Unternehmen investierst. So ist dein Geld abgesichert und die Möglichkeit des Totalausfalls minimiert sich. Es ist also vor allem für Anfänger durchaus sinnvoll das investierte Geld möglichst zu verteilen um Risiken zu minimieren.

Vorteil: Emittenten Risiko nicht gegeben

Bei Zertifikaten besteht durchaus die Möglichkeit, dass bei der Insolvenz des Emittenten die Investoren einen Totalverlust erleiden. Dies kann bei einem ETF nicht geschehen, da diese zum Sondervermögen und nicht zum eigentlichen Vermögen eines Emittenten (ausgebende Bank) gehört. So ist das investierte Geld auch im Falle einer Insolvenz geschützt.

Vorteil: Große Transparenz

Bei Fonds werden in vierteljährlichen Abständen die Investitionen und erworbenen Akten dargelegt. Bei einem ETF ist die Transparenz größer, da hier zu jeder Zeit klar ist in was investiert wurde. Ein synthetischer und ein physischer ETF zeigen ganz klar die Investitionen an – auch hier ein klarer Vorteil gegenüber handelsüblichen Fonds.

Vorteil: Wenig Arbeit

Wahrscheinlich möchtest du vor allem eins: Ein Investment mit Gewinn, das wenig Arbeit macht. Die Auswahl des für dich passenden ETFs ist zwar ein wenig Arbeit, aber sobald du deine Wahl getroffen hast und deinen Anteil an dem für dich passenden ETF erworben hast, ist die Arbeit beendet. Du musst dich nicht um Umschichtung, Rebalancing oder ähnliches kümmern – die Arbeit ist mit dem Zeitpunkt des Erwerbs getan.

Vorteil: Dauerhafte Liquidität

Durch die Investition in einen ETF gibst du deine Liquidität zu keinem Zeitpunkt auf. Du kannst zu jeder Zeit Teile oder dein gesamtes Investment veräußern. Beispielsweise kannst du deine ETF Anteile ganz einfach über die Börse verkaufen.

Vorteil: Investition in Rohstoffe möglich

Die große Bandbreite von ETFs auf dem Markt macht es möglich hier in eine große Bandbreite verschiedener Sektoren zu investieren. Darunter natürlich auch den Rohstoff-Sektor. So musst du also kein Gold in physikalischer Form besitzen oder Rohstoffe über einen Rohstoffproduzenten erwerben, sondern kannst deinen Anteil am Rohstoff ganz einfach über ein ETF regeln!

Kapitel 6: Die Nachteile der ETFs

Nachdem du alle tollen Vorteile der ETFs kennengelernt hast, wollen wir an dieser Stelle die Nachteile nicht verschweigen!

Nach diesem Kapitel wirst du zu der Konklusion kommen, dass die Vorteile bei weitem überwiegen. Dennoch möchte ich an dieser Stelle so objektiv wie möglich über die ETFs berichten und dir fairerweise auch die Nachteile der ETFs nahelegen. Neben den in diesem und in dem vorherigen Kapitel genannten Charakteristika der ETFs gibt es natürlich noch Unmengen mehr Vorteile und Nachteile. Dies stellt keine abschließende Liste dar!

Nachteil: Keine Überrenditen

Der Kurs eines ETFs wird niemals den Kurs des gesamten Marktes schlagen. ETFs bilden bekanntlich einen Index ab, also besteht keine Chance auf Überrenditen oder nur sehr selten ein Kursgewinn von dreistelligem Wert.

Nachteil: Dauerhafte Kosten

Auch wenn die Unterhaltungskosten eines ETFs sehr gering ausfallen, sind hier dennoch jährliche Verwaltungskosten zu berücksichtigen. Diese liegen zumeist unter 1%. Im Gegensatz dazu ist die direkte Investition in Aktien aber kostenlos! Wenn du also planst für mehrere Jahrzehnte in ETFs zu investieren, kann das ein zu berücksichtigender Kostenfaktor sein!

Nachteil: Unübersichtliche Angebote

Grade für Einsteiger ist es hier nicht leicht den Überblick zu behalten. Das Interesse an ETFs ist in den letzten Jahrzehnten unglaublich gestiegen und dementsprechend gibt es auch viele verschiedene Produkte auf dem Markt. Hier den Überblick zu behalten ist schwer und möglicherweise auch zeitintensiv.

Kapitel 7: Die Kosten eines ETFs

Wir haben die Kosten in den vorherigen Kapiteln schon angesprochen. In diesem Kapitel wollen wir uns den Kosten eines ETFs genauer widmen, damit du über alle Kosten, die auf dich zukommen, Bescheid weißt.

Viele dieser Kosten lassen sich nicht umgehen, da sie zur Börsenaktivität dazugehören!

Ordergebühren

Ordergebühren bestehen aus Bankspesen und einem Börsenplatzgeld. Also für jede Aktion, ob Kauf oder Verkauf, fallen Gebühren an. Bei Aktionen von geringem Volumen fällt zumeist eine Pauschale an. Bei größeren Investitionen oder Aktionen müssen teilweise prozentuale Gebühren gezahlt werden. Hier lohnt es sich die einzelnen Angebote der Broker zu vergleichen.

Einige ETF Anbieter und online Broker arbeiten eng zusammen und bieten die Teilnahme an Sparplänen an. Auch hier lassen sich noch einige Kosten einsparen, denn diese Angebote sind meist frei von Bankspesen und Börsenendgeldern!

Depotgebühren

Du benötigst für deine Aktivitäten an der Börse zwangsläufig ein Depot. Dieses Depot kannst du gegen Gebühren bei deiner Bank eröffnen oder kostenlos online bei einem Broker. Auch bei den kostenlosen Varianten gibt es tolle Angebote. Hier kannst du also schon mal Geld sparen!

Total Expense Ratio - TER

Wir schon erwähnt müssen für jeden ETF Fixkosten gezahlt werden. Diese Fixkosten und Verwaltungsgebühren werden Total Expense Ratio – TER genannt und sind einmal im Jahr fällig.

Um dies beispielhaft zu erklären: Wenn der Fonds eines ETFs mit 200.000 Euro angegeben wird und der TER davon 1 % beträgt, belaufen sich die jährlichen Kosten auf 2000 Euro. Der durchschnittliche europäische TER liegt bei 0,4%!

Der Spread

Der Spread ist die Handelsspanne, also die Differenz zwischen dem Kaufpreis und dem Verkaufspreis. Der Kaufpreis und der Verkaufspreis unterscheiden sich zu jeder Zeit, dies ist der sogenannte Spread. Bei den ETFs ist der Spread aber sehr niedrig – im Durchschnitt liegt der Spread bei unter 0,1%! Grade bei ETFs mit einem großen Volumen ist der Spread gering.

Total Costs of Ownership

Die Total Costs of Ownership wird TCO abgekürzt. Diese Total Costs of Ownership betrachtet alle Kosten, die ein ETF intern verursacht, also Ordergebühren, Depotgebühren, Spreads physischer ETFs oder die SWAP-Gebühren synthetischer ETFs. Hier werden also alle Kosten aufgeführt, die bei der Investition auf dich zukommen. Dies ist ungemein hilfreich um die Übersicht über die gesamten Kosten nicht zu verlieren!

Steuern!

Beim Kostenpunkt müssen wir natürlich auch auf die Steuern eingehen. Was du versteuern musst sind Erträge aus Dividendenzahlungen und Verkaufserlöse durch Kursgewinn. Es gibt die Möglichkeiten der steuertransparenten ETFs, wo die Steuerlast direkt an die Behörden gemeldet wird oder die steuereinfachen ETFs, die du selbst in deiner Steuererklärung angeben musst.

Es kommt zu einer steuerlichen Doppelbelastung bei ausländischen thesaurierenden ETFs. Dies musst du auch in deiner Steuererklärung angeben. Sobald du diese Art von ETFs verkaufst, kommt es zu einer Doppelbelastung.

Steuerlich relevante Informationen von deutschen ausschüttenden und thesaurierenden ETFs werden vom Broker direkt an die Steuerbehörde gesendet.

Kapitel 8: Anlagestrategien und Investmentstrategien im Überblick

Um erfolgreich zu sein, benötigst du eine gute Strategie! Auch die Art des Investments sollte zu dir passen. Darum wollen wir uns in diesem Kapitel kümmern.

Im Folgenden findest du drei Anlegestrategien, die sehr beliebt sind. Daneben gibt es noch viele weitere mehr oder weniger bekannte und sinnvolle Anlagestrategien. Anhand der drei vorgestellten Anlagestrategien und Investmentstrategien kannst du dir einen kleinen Eindruck zu verschaffen.

Anlagestrategie: Die Wachstumtsstrategie

Bei dieser Strategie investierst du in junge, wachsende Unternehmen um so an ihrem Wachstum und Aufschwung teilzuhaben. So kannst du von ihrem Wachstum profitieren. Diese wachsenden Unternehmen werden auch Growth Unternehmen genannt und häufig mit den Kennzahlen KGV, KBV oder

KUV gekennzeichnet. Der STROXX Europe Strong Growth beinhaltet beispielsweise 20 Growth Unternehmen aus dem europäischen Raum. Hier gibt es natürlich noch eine Vielzahl anderer Indices, die Growth Unternehmen abbilden.

Anlagestrategie: Die Dividendenstrategie

Hier investierst du vor allem in Unternehmen mit hohen und zuverlässig ausgeschütteten Dividenden. Du suchst also nach Indizes, in denen Unternehmen abgebildet werden, die einen generösen Umgang mit Dividenden verfolgen. Der DivDAX beinhaltet beispielsweise die 15 besten Dividendenunternehmen, der EURO STOXX Select Dividend beinhaltet 30 europäische Dividendenzahler und der DAXplus bildet die 20 besten Dividendenzahler aus TexDAX, MDAX und DAX ab. Dies sind natürlich nur drei herausragende Beispiele, es gibt noch unzählige gute Indices mit guten Dividendenzahlern.

Anlagestrategie: Die Valuestrategie

Bei der Valuestrategie geht es darum in besonders wertvolle Unternehmen zu investieren und dieses Investment über mehrere Jahre aufrecht zu erhalten, um diese Anteile dann mit großem Gewinn zu verkaufen. Hier liegt der tatsächliche Wert des Unternehmens im Fokus und weniger die Kurse. Der STOXX Europa Strong Value bildet 20 europäische Value Unternehmen ab. Auch hier findest du mit ein wenig Recherche natürlich noch unzählige andere Indices und Möglichkeiten!

Vermögensstrategie: Das Direktinvestment

Dies ist natürlich die denkbar einfachste Art des Investments. Hier wird ganz direkt in ETFs investiert. Du legst die Summe und den ETF fest und erwirbst auf direktem Wege Anteile dieses ETFs. Hier gilt es natürlich die dabei anfallenden Gebühren zu beachten. Es gibt einige Möglichkeiten bei online Brokern ETF Anteile sogar kostenlos zu erstehen! Eine kleine Recherche dahingehend lohnt sich also.

Investmentstrategie: Das Sparplan Investment

Dies ist eine sehr beliebte Art des Investments. Hier können schön für 25 Euro monatlich von einer jährlichen Rendite von 3% profitiert werden. Diese Sparpläne sind grade für Einsteiger gut geeignet, da sie übersichtlich sind und nur wenig investiertes Geld benötigen. Auf langer Sicht kann hier ein richtiges Vermögen durch die richtige Art der Anlage entstehen. Fange mit 25 Euro monatlich an, steigere die Einzahlungen mit deinem Gehalt und schaffe dir somit eine wunderbare Möglichkeit für langfristigen Wachstum!

Die festgelegten Raten werden ganz einfach von deinem Konto eingezogen und in ETF Anteile umgewandelt. Wenn du dazu immer zu Monatsbeginn in ETF Anteile investierst, musst du dir auch keine Gedanken mehr um den richtigen Zeitpunkt der Investition machen, da somit der Kosten-Durchschnitts-Effekt zum Tragen kommt. Wenn du also monatlich 25 Euro investieren möchtest, werden auch wirklich nur Anteile für 25 Euro erworben, egal wie viel der ETF-Kurs grade ausmacht. So profitierst du ganz einfach vom Durchschnittspreis!

Achte bei Sparplänen auch auf die möglichen Kosten und Gebühren!

Kapitel 9: Ein erfolgreiches Portfolio anlegen

Nachdem du nun alle notwendigen und grundlegen Informationen rund um die Charakteristika der ETFs, Anlagestrategien, Börsen Fachjargon und Investitionsstrategien erfahren hast, möchte ich dir in diesem abschließenden Kapitel noch einige Tipps und Tricks für ein möglichst erfolgreiches Portfolio mitgeben! Bitte bedenke, dass diese Tipps und Tricks lediglich Vorschläge darstellen und möglicherweise nicht zu dir passen. Grundsätzlich gilt, dass du dir vor einer Investition selbst Gedanken rund um die Voraussetzungen, Kosten und Folgen machen solltest!

Ziele genau definieren

Wie bei jedem Vorhaben gilt auch hier: Planung ist alles! Zu deiner grundlegenden Planung vor der Investition gehören also einige Überlegungen. Wie lange möchtest du investieren? ETFs eignen sich vor allem um dein Vermögen langfristig zu vermehren und weniger um innerhalb weniger Wochen einen großen Gewinn zu verzeichnen. Überlege dir also, für wie viele Jahre du anlegen möchtest.

Zudem solltest du dir Gedanken darübermachen, was genau dein Ziel ist! Möchtest du so für das Alter vorsorgen? Möchtest du Geld für eine Reise oder einen anderen Wunsch ansparen? Wie risikoreich kann die Investition sein, wie wichtig ist das Ziel? Investitionen in den Aktien ETFs und Rohstoff ETFs gelten allgemein als risikoreich, während die Investition in Renten ETFs und Anleihen ETFs als risikoarm gilt. Als sehr risikoarm gilt die Investition in Geldmarkt ETFs. Grundsätzlich – hohes Risiko des Verlusts bringt auch hohe Gewinnchancen mit sich! Du musst also entscheiden, ob du dich für ein konservatives, aber sicheres Portfolio, ein ausgewogenes Portfolio oder ein dynamisches Portfolio entscheidest. Es muss zu deinem Ziel passen!

Asset Allocation

Die Asset Allocation beschreibt die Platzierung der Vermögenswerte. Der ETF-Markt bietet glücklicherweise mittlerweile eine unglaublich große Bandbreite verschiedenster Investmentmöglichkeiten.

Nutze sie! Denn die Theorie Asset Allocation beschreibt, dass eine möglichst breite Streuung der Investition das Risiko des Verlusts minimiert und die Chancen auf Gewinn maximiert!

Hier ist es auch denkbar nicht nur zwischen einzelnen Brachen zu wählen, sondern auch länderübergreifend zu investieren!

Ein beispielhaftes Portfolio

Damit du eine Idee bekommst, wie so ein Portfolio aussehen könnte, hier eine beispielhafte Zusammenstellung:

20% Staatsanleihen Deutschland

30% Staatsanleihen USA

5% STOXX Europe

10% S&P500

5% Gold

5% gemischte Rohstoffe

25% Emerging Markets/Growth Unternehmen

Hier kannst du eine grobe Einteilung in 50% Anleihen, 40% Aktien und 10% Rohstoffe erkennen. So hast du einen weiten Radius von Möglichkeiten aller Art gewählt!

Schlusswort

Ich hoffe sehr, dass du ganz viele Informationen für deine Investition in ETFs gewinnen konntest!

Du weißt nun ganz genau was ein ETF ist und aus welchen fünf Bestandteilen die Bezeichnung es ETFs besteht und was diese Bestandteile für dich bedeuten. Zudem weißt du jetzt, ob und wie du das Scope ETF-Rating nutzen kannst.

Im Laufe dieses Buches hast du die verschiedensten Kategorien von ETFs und ihre Grundlagen kennengelernt. Du kannst die Auswirkungen eines Performanceindex und eines Kursindex erkennen, du weißt, ob ein thesaurierender oder ein ausschüttender ETF für dich der Richtige ist und du weißt nun auch die groben Vorteile und Nachteile dieser verschiedenen Möglichkeiten. Die ETF-Klassen, wie Renten ETFs, Aktien ETFs, Immobilen ETFs, Geldmarkt ETFs, Gehebelte ETFs und Rohstoff ETFs sind dir bekannt. Erinnerst du dich an die vielen Vorteile, die dir die Investition in ETFs bietet?

Nebenbei hast du auch einiges über die verschiedenen Kostenfaktoren eines ETFs gelernt. Spread, Depotgebühren, Ordergebühren, Total Expense Ratio und Total Costs of Ownership sind nun keine Fremdwörter mehr für dich!

Um dein Wissen über die ETFs zu komplettieren habe ich dir einige beliebte und effektive Anlagestrategien und Investmentstrategien nähergebracht. Vielleicht passt die Dividendenstrategie oder das Sparplan-Investment? Sicherlich hast du auch schon entschieden, ob du gerne monatlich investieren möchtest oder lieber eine große einmalige Investition tätigen möchtest. Vielleicht möchtest du dein Risiko des Verlusts minimieren und in ein möglich breites Spektrum investieren – dann könnte der MSCI World Index etwas für dich sein. Welcher Emittent passt zu dir und welche ETF-Größe?

Neben all diesen überwältigenden Informationen konntest du auch einen Einblick in die Kosten eines ETFs erhalten. Sich über die Kosten klar zu werden, gehört zu den grundlegenden Vorbereitungen. Die Software der Homepage www.rock-die-boerse.de/etf-software kann dir bei der Einrichtung und Handhabung deines Depots behilflich sein.

Du kannst dir nun also die wichtigen Fragen von Anfang des Buches beantworten:

- In welche Art ETF möchte ich investieren?
- Welches Risiko gehe ich ein?
- Wie stehen die Gewinnchancen?
- Wie baue ich ein Depot auf?
- Wie manage ich mein ETF-Portfolio?

Ich wünsche dir viel Spaß und Erfolg beim Entdecken und Erobern der Börse!

Quellen

- Dionne, G., Pacurar, M., & Zhou, X. (2015). Liquidity-adjusted Intraday Value at Risk modeling and risk management: An application to data from Deutsche Börse. Journal of Banking & Finance, 59, 202.
- Börse Online : Das Unabhängige Anlegermagazin. (1987).
- Dionne, G., Pacurar, Maria, & Zhou, Xiaozhou. (2015). Liquidity-adjusted Intraday Value at Risk modeling and risk management an application to data from Deutsche Börse. Journal of Banking & Finance, 202-219.
- Elberskirch, D. (2014). Börse reloaded. Die Bank : Zeitschrift Für Bankpolitik Und Praxis, 13-15.
- Schmidt, H. (2016). Schielen auf die Börse. Kma - Das Gesundheitswirtschaftsmagazin, 12(01), 36-37.
- Grzebeta, S. (2013). Ethik und Ästhetik der Börse. Zeitschrift Für Wirtschafts- Und Unternehmensethik : Zfwu, 14(2), 325-335.
- Daytrading: Die Spielhöllen der Börsianer. (2000). Capital, 0(20), 339.
- Guntner, G. (2002). Die Rechtliche Behandlung Des Daytrading Unter Besonderer Berücksichtigung Bankunabhängiger Daytradingcenter / Von Gregor Guntner., VI, 221 S. : graph. Darst. : 21 cm.
- Reinbach, A. (2000). Daytrading's big profits. U.S. Banker, S19.

Impressum

Text: Copyright © 2017 by Sophia Thiemann

Impressum und Verlag Sophia Thiemann

c/o Papyrus Autoren-Club, R.O.M. Logicware GmbH Pettenkoferstr. 16-18, 10247 Berlin

Alle Rechte vorbehalten.

Nachdruck oder Kopieren, auch auszugsweise, ist ohne Erlaubnis des Autors nicht gestattet.

Cover Foto: © Alexander Lysenko/

https://www.shutterstock.com/image-vector/stacks-gold-coins-dollar-cash-vector-616335509

Wichtiger Hinweis:

Die in diesem Buch enthaltenen Informationen dienen ausschließlich informativen Zwecken und dürfen unter keinen Umständen als Ersatz für eine professionelle Beratung oder Behandlung durch ausgebildete und anerkannte Ärzte angesehen werden. Diese beinhalten keinerlei Empfehlungen bezüglich bestimmter Diagnose- oder Therapieverfahren. Die Inhalte dürfen niemals als eine Aufforderung zur Selbstbehandlung oder als Grundlage für Selbstdiagnosen und -medikation verstanden werden. Die Informationen spiegeln lediglich die Meinung des Autors wieder. Der Autor übernimmt für die Art oder Richtigkeit der Inhalte keine Garantie, weder ausdrücklich noch impliziert.

Sollten Inhalte des Buches gegen geltendes Recht verstoßen, dann bittet der Autor um umgehende Benachrichtigung. Die betreffenden Inhalte werden dann umgehend entfernt oder geändert.

Haftung für Links

Das Buch enthält Links zu externen Webseiten Dritter, auf deren Inhalte wir keinen Einfluss haben. Deshalb können wir für diese fremden Inhalte keine Gewähr übernehmen. Für die Inhalte der verlinkten Seiten ist stets der jeweilige Anbieter oder Betreiber der Seiten verantwortlich. Die verlinkten Seiten wurden zum Zeitpunkt der Verlinkung auf mögliche Rechtsverstöße überprüft. Rechtswidrige Inhalte waren zum Zeitpunkt der Verlinkung nicht erkennbar. Eine permanente inhaltliche Kontrolle der verlinkten Seiten ist jedoch ohne konkrete Anhaltspunkte einer Rechtsverletzung nicht zumutbar. Bei Bekanntwerden von Rechtsverletzungen werden wir derartige Links umgehend entfernen.

www.ingramcontent.com/pod-product-compliance
Lightning Source LLC
Chambersburg PA
CBHW050021230526
45470CB00003B/1064